MI MISIÓN DESPUÉS DEL CALVARIO

MÁS ALLÁ DE LA MISIÓN DEL CALVARIO

LUCAS G. LOZADA

Mi Misión Después del Calvario

Publicado por:

Código Íntimo Publishing

janeza.777perez@gmail.com

Diseño de cubierta: Código Íntimo Publishing

Diseño interior: Janeza Pérez / 910-574-3383

Contacto de autor:

Lucas Lozada, Misionero

Cel. 787-399-7966

Email: lukasrivera33@gmail.com

Todas las referencias bíblicas fueron tomadas de la Biblia Reina Valera, revisión de 1960, a menos que se indique otra fuente.

ISBN

Categorías: Devocional. Vida cristiana. Crecimiento espiritual.

❀ Creado con Vellum

AGRADECIMIENTOS

Mi agradecimiento es para todo el personal que colaboró con la visión de este proyecto que Dios puso en mis manos, sin la ayuda de ustedes no hubiese sido posible, su trabajo y dedicación son el reflejo de su amor por la obra y expansión del reino de Dios; gracias a mi amigo y hermano Rev. Alexis Santiago, por su colaboración y creer en mí, gracias por tu apoyo, sé que ya descansas en los brazos de Dios, fuiste de gran inspiración a mi vida; gracias a código íntimo publishing, por todo el trabajo realizado del libro para que mi sueño fuese hecho realidad, gracias por el diseño de la portada y contraportada, y por el diseño interior del libro.

¡Gracias por compartir su talento, Dios les Bendiga!

Esta nueva versión de este sueño lo dedico primeramente a Jesus por ser mi maestro y salvar mi alma. A una mujer extraordinaria que Dios puso en mi camino, mi amada esposa Isis Yanira, gracias por ser tan comprensiva y amarme, a mi hija amada Allison Jireh que amo con mi vida "Mi Carita de Sol". A dos hijas que me regaló mi Dios, Leeann y Yanixia su amor es sincero; las amo. Gracias por acogerme y formar una hermosa familia.

PRÓLOGO

Recientemente llegó a mis manos esta hermosa obra literaria, escrita por un soñador visionario, amante y apasionado por las misiones. No es una traducción de un escrito en inglés, sino un original en nuestra lengua castellana. Es un libro que responde interrogantes y preguntas hechas por muchos y que son contestadas por la pluma escribiente del misionero Lucas Lozada, basado en el calvario y acompañado por experiencias vividas en el campo de labor. En otras palabras, no es sólo una teoría, sino que está acompañado por la práctica en países como: India, Guinea Ecuatorial, África, Belice.

Para preparar este prólogo, profundicé en el libro, les confieso que lloré, reí y me lo disfruté con todo el corazón. Agradecido con Dios porque aún quedan vidas rendidas al Supremo Llamamiento de Dios, Las Misiones. Lucas, de una forma magistral nos enamora y nos adentra a una experiencia misionera y nos da el filtro que en definitiva tiene que ser a través del Calvario; indiscutiblemente es imposible hablar sobre misiones sino comenzamos por la cruz. Precisamente allí todo comenzó, nuestro eterno misionero Jesús. Por eso amado lector, tienes en tus manos esta obra literaria Mi Misión Después del Calvario. Te invito a un viaje donde disfrutarás en primer lugar Un Llamado con Pasión acompañado de bellas experiencias, luego, te sigue adentrando Lucas al Poder Que nos Mueve, ¡Impresionante! No conforme, este autor te explica detalladamente Para Qué Fuimos Creados. En este capítulo el autor nos confronta con su experiencia vivida, el testimonio personal es lo único indiscutible que poseemos. No conforme con lo antes leído, Lucas nos da herramientas y nos dice cómo hacer misiones con armas, tales como: hondas y piedras, para que de una forma milagrosa podamos vencer nuestros gigantes. Lo que este escritor está intentando, es provocarte a una guerra que ya fue ganada en el Calvario. Finalmente, mi amado amigo Lucas, nos explica que Siempre Hay Quien Nos Motive, **JESÚS**. En este capítulo somos confrontados, él nos habla de hombres como Adán, Isaac, David, José, entre otros y con mucha sabiduría nos explica de qué manera Jesús fue su motivación, ¡Hermoso! Es por ello, que te animo a leer este libro cuidadosamente, siéntate cómodo, ponte el delantal porque te saciarás de un suculento banquete. Amado Compañero Lucas, MARQUEMOS LA HISTORIA, Dios te bendiga y Gracias por el honor.

Rev. Alexis Santiago Asociación Evangelística Impacto de Dios Para Ti San Juan, Puerto Rico

INTRODUCCIÓN

La palabra Misión o la Frase «La Gran Comisión» es mucho más que un desfile de trajes típicos, la creación de pabellones de diferentes países o comer platos típicos de diferentes países, es más que realizar un culto al mes o tener una simple oración en el culto dominical.

¿Qué es una Misión? ¿Y Qué significa la palabra Misión? Me di a la tarea de buscar el significado de la palabra Misión en el Diccionario de La Real Academia Española y la define de la siguiente manera: Poder desempeñar algún cometido, incumbencia o cargo de hacer algo; también nos muestra que se le da nombre de Misión a las casas o iglesias de los misioneros en algún país. En adición es la asignación señalada a segadores para el sustento de pan, carne y vino por cierta cantidad de trabajo de tiempo. Es decir que la palabra Misión, debe de estar en el vocabulario de cada uno de nosotros como seguidores de Jesús, que le amamos, y esté plasmada en nuestros corazones. La palabra Misión para nosotros los seguidores de Jesús y los que queremos hacer su voluntad es llevar pan al necesitado, servir al que necesite de nuestra ayuda y anunciar el evangelio de paz, las buenas nuevas de salvación como alimento para el alma. En mi corazón siento el llamado y la responsabilidad de las misiones, un cargo o cometido que tenemos en nuestros planes trazados por Dios para la humanidad. En este Libro les comparto parte de cada uno de mis viajes misioneros, que a través de estas experiencias marcaron e impactaron mi vida grandemente y esperamos que así los impacte a cada uno de ustedes de una forma especial y los contagie con la llama de las Misiones y que arda en sus corazones el «**ID Y HACED DISCÍPULOS...**».

CAPÍTULO 1

MI LLAMADO CON PASIÓN

Y LES DIJO: ID POR TODO EL MUNDO Y PREDICAD EL
EVANGELIO A TODA CRIATURA.
S. MARCOS 16:15

Llamado con Pasión

S omos instrumentos de Dios: joven, dama o caballero; tenemos un llamado especial en este mundo mejor conocido como La Gran Comisión. Desde que aceptamos al Señor como nuestro único y exclusivo salvador, entramos a otra dimensión espiritual, somos transformados y se nos encomienda esta misión. Antes de empezar con esta comisión, tenemos que darnos cuenta que al entrar a otra dimensión firmamos una sentencia de muerte con el enemigo de las almas. Antes vivíamos en opresión, esclavitud y oscuridad, pero al llegar Jesús, nos ilumina su luz eterna. En el evangelio de Juan nos dice, "Entonces si el hijo os libertare seréis verdaderamente libres" (Juan 8:36). No debemos ignorar las maquinaciones de nuestro adversario.

Nuestro Creador nos ha encomendado un trabajo que no fue dado a ningún ángel, arcángel, serafín ni querubín; que es el ministerio de la reconciliación. En torno al ministerio de la reconciliación la Palabra de Dios dice: "Por cuanto todos pecaron y por eso no pueden participar de la gloria de Dios" (Romanos 3:23). Nosotros somos los llamados a traer estas vidas a la reconciliación. El mismo que nos llamó estará con nosotros hasta el fin. El adversario trata de destruirnos, ya que él siempre quiso ser igual a Dios. Nuestro Padre Celestial nos hizo a su imagen y semejanza, lo que el enemigo de las almas anhela ser y al vernos, él ve a Dios mismo; por eso nuestro amado Señor Jesús, nos asignó esta encomienda: "Por tanto id y hacer discípulos a todas las naciones, bautizándolos en el nombre del Padre, del Hijo y del Espíritu Santo, enseñándoles que guarden todos los estatutos que os he enseñado" (Mateo 28:19). Este llamado es de todos.

¿Qué se levantará oposición en contra de nosotros? Si, pero nosotros debemos saber que el enemigo hará todo lo que esté a su alcance para tratar de destruir nuestra misión y a nosotros.

Dentro de mi corazón arde una llama de amor por cada tribu, etnia y nación de este mundo, para que conozcan el evangelio de la paz, que nos enseñó nuestro Señor Jesucristo. Muchas personas del mundo no conocen a Jesús. Entonces, es ahí donde comienza nuestra misión, mostrarles a esas personas a qué vino Jesús a este mundo y por qué se hizo hombre y padeció por nuestros pecados. Cada uno de nosotros tenemos un llamado el cual tenemos que ejercer con amor y pasión. El Dios Todopoderoso nos ha reclutado para ser victoriosos. El Maestro pone en nosotros ese amor por nuestros semejantes, ese amor que un día nos demostró y ministró a través del perdón. Al llegar ese amor a nuestro corazón, somos transformados de una manera única, y especial.

Mi Llamado

A la edad de 20 años el Señor habló a mi vida de una forma muy especial. Aunque, cuando tenía 12 años fui bautizado en la iglesia Pentecostal a la que asisto en San Juan, Puerto Rico y a través de mi adolescencia me guardó que no me dañara. Pasé momentos difíciles como pasa cualquier adolescente que se cría en un barrio o residencial público en Puerto Rico. Sobreviviendo, pero Dios siempre tuvo cuidado de mí. Un padre apartado de los caminos de Dios, usuario de drogas y una madre luchadora.

En mi juventud Dios me habló y me dijo: **"Te enviaré de país en país y cruzarás mares; irás lejos y cerca".** Por mi mente solo pasó una pregunta; ¿Cuándo pasará esto? No le di mucha importancia, aunque mi espíritu estaba dispuesto mi carne tenía otros intereses. Al pasar el tiempo, a la edad de 24 años, en una campaña de jóvenes en una iglesia en Carolina, Puerto Rico; El Señor vuelve a hablarme a través del predicador y me dijo: "**Pastor, te llamo Pastor, te llamo y lo digo en público para que crean, cruzarás mares, irás de aquí para allá, lejos y cerca, pero te llamo para el ministerio Pastoral"**. Ese mismo año surge un viaje misionero y decidí ir, le dije al Señor, aquí estoy haz de mí lo que quieras Maestro.

Primer Viaje Misionero

Continente: África
País: Guinea Ecuatorial
Junio 2004

Salí rumbo al país africano, como muchos lo conocen, el continente olvidado. Fueron varias horas de vuelo de Puerto Rico a República Dominicana, luego a Madrid España, de ahí partimos a Malabo capital de Guinea Ecuatorial y después llegamos a la cuidad de Bata, donde nos quedaríamos fijos por los próximos 22 a 24 días. Un continente y un país lleno de tradiciones y religiones. Veintidós jóvenes, muchos de ellos siendo éste su primer viaje misionero y otros con experiencias previas. Llegamos de madrugada muy poco alumbrados y tan pronto pisamos suelo africano, pudimos sentir la opresión del maligno sobre nuestros hombros, era como colocarte una mochila llena de piedras sobre tus hombros. Se sentían las malicias por los aires. Para comenzar tuvimos problemas con Aduana, ya que no creían que todo lo que llevábamos era para donarlo. Cada joven llevaba una maleta de medicamentos y donaciones, ya que íbamos a hacer clínicas de salud. Dios obró a nuestro favor y pasamos sin ningún problema mayor. Emprendimos nuestro viaje terrestre en una carretera sin pavimentar llena de piedras. En un momento dado nos detuvimos en la calle en medio de la selva como a eso de la 1:00 a.m. después de casi 48 horas de viaje, el misionero nativo nos dijo: ¡llegamos! Alrededor de nosotros pudimos observar que solo se veía vegetación y un camino de lodo que casi no se distinguía, pero al final estaba la casa de madera humilde y el suelo de cemento. Todos nosotros cansados, con ansias de darnos una ducha y al verificar los pozos no había agua. Obviamos la ducha y procedimos a reunirnos en la sala de la casa para hacer una cadena de oración y darle gracias a Dios que llegamos con bien. En la oración se derramó sobre cada uno de nosotros una presencia de Dios sobrenatural y comenzamos a hablar en otras lenguas, ¡*wow!* nunca había experimentado una llenura del Espíritu Santo como esa noche, dejándonos saber que Él estaba con nosotros en ese lugar y nos daba nuevas fuerzas para continuar el viaje.

El segundo día temprano comenzamos con la división de los medicamentos para las clínicas.

Es sorprendente ver cómo hay tantas niñas con hijos y con tantas enfermedades venéreas. Salimos al poblado de Andok como unas cuatro horas de viaje aproximadamente. Al llegar había unas cuatrocientas personas esperando para las clínicas y el culto. Muchos niños jugando *'soccer'* bien contentos en la tierra y lodo con una pelota, si se podía llamar pelota, ya que fue hecha por ellos mismos. Muchos de esos niños estaban descalzos y se conmovía mi corazón al verlos como salen en las películas de estos países pobres. No podía creer, todavía, que estaba en África.

En la tarde regresamos a la casa misionera en la cuidad de Bata para descansar y prepararnos para salir el próximo día hacia otro poblado que estaba a seis horas de distancia. Ya amaneciendo y nosotros de pie preparando los equipajes y todo el material de las clínicas. Nos dividimos en dos grupos para dos poblados diferentes, Eibibeyin y Ebinayon. En estos últimos pueblos alquilamos un local para hacer una campaña evangelística de dos días y trabajar con la niñez de ese lugar. En ese primer culto, después del mensaje, me encontraba en la ministración y me doy cuenta de un niño con un rostro raro que iba caminando y cuando me percato le iba a halar el pelo a uno de los jóvenes que se encontraba conmigo ministrando y en el rostro reflejaba que algo no estaba bien en él.

CUANDO DIOS TE ESCOGE ÉL SABE QUE DENTRO DE TI
HAY UNA POTENCIA PARA CONQUISTAR NACIONES
PARA SU REINO

Voy hacia él lo detengo, comencé a orar y reprender todo espíritu maligno que hubiera en su vida, comenzó a tener un tipo de convulsión y se le manifestó una malicia. Con toda autoridad que nos ha dado Dios pudimos combatir y ese niño fue liberado. Éste cayó como muerto hasta que despertó y le dijimos que testificara con su boca que era salvo por la sangre de Jesús y así lo hizo. Dios rompió con una maldición, ya que desde su nacimiento habían dedicado a ese niño al enemigo de las almas. Luego de esto regresamos nuevamente a la ciudad de Bata.

Podemos ver el propósito de Dios en nuestras vidas siempre y cuando lo veamos con los ojos de Jesús. Si lo vemos con nuestros ojos no lo vamos a entender y puede ser que nos frustremos. Esto significa que tenemos que ver el propósito de Dios en nuestras vidas de forma espiritual, porque nuestro Dios es espíritu. El propósito que Dios tiene para nosotros siempre va a ser para bien. Somos su máxima creación y quiere lo mejor para nosotros. Su propósito divino para con nosotros tenemos que verlo con ojos espirituales. Pon todas tus cargas en las manos de Él, confía en su propósito y verás cosas grandes.

Sentimientos y Ministerio

Un día común en mi iglesia, cuando digo común, me refiero a un día normal de culto en la semana, en San Juan, Puerto Rico. Meditando en el Señor le decía: "me has hablado de ministerio, que cruzaré mares y eso es bueno, pero yo anhelo algo más". Es interesante, todos estos países que he visitado llevando tu Palabra, fueron momentos que marcaron mi vida, volar por el desierto del Sahara, ver desde el cielo como cruzar el desierto de Irak y Pakistán. Ver la vegetación de África desde el cielo, llegar al sur de India y ver desde lejos el Gran Río Ganges, pero misión es más que eso. Ver las pirámides Mayas en Belice, cruzar la frontera con México, ver diferentes tribus, etnias de diferentes países y verlos a ellos entregar sus vidas a Jesús. El solo hecho de ver a Dios usándonos como vaso en sus manos para darles ese evangelio tan preciado para nosotros, a un mundo que se está perdiendo. Espiritualmente uno se siente bien, pero llegarán momentos en nuestras vidas, que, aunque hayamos realizado cosas grandes para Dios, que para nuestros ojos son impresionantes, pasarán acontecimientos en nuestras vidas que nos harán sentir sumamente tristes por decisiones que tomaremos en nuestro caminar que las mismas determinarán nuestro futuro y nuestro ministerio.

En esas decisiones llegan pensamientos a nosotros que podrán en juego nuestros fundamentos y de seguro tendrás una guerra espiritual y mental que tendrás que saber batallar. No es lo mismo encontrarte en una selva de África o en una ciudad de India orando por sanidad por un niño, que encontrarte en tu habitación en un momento difícil de tu vida por una decisión que vas a tomar o que no estás seguro de tomarla, porque sabes que vas a sufrir. En ese momento tenemos que saber pararnos en la brecha y tomar la decisión correcta. Puede ser que tengas varias opciones buenas, pero sólo una es la adecuada.

Cuando tienes que tomar una decisión donde los sentimientos están involucrados, está envuelto el amor, tenemos que poner en una balanza nuestros sentimientos o nuestro ministerio, tenemos que acordarnos que, si nos ocupamos de nuestro ministerio, Dios en su oficio como nuestro Padre, se ocupará de trabajar en nuestros sentimientos, si salimos lastimados Él se encargará de sanar nuestras heridas como médico por excelencia.

Decisiones

La vida se basa en decisiones que marcan para bien o para mal nuestro ministerio. La decisión más importante para nuestras vidas es seguir a Jesús y convertirse en un discípulo de Él y hacer su voluntad. Debemos saber qué decisión tomar y si esa decisión está bajo la voluntad de Dios. Cómo saber si estamos en la voluntad de Dios, manteniendo una vida de oración con nuestro Creador.

De esta forma Él nos dejará saber en nuestro corazón y en nuestro espíritu. Cuando tomamos una decisión que creemos que está bien, pero no es la voluntad de Dios, puede ser que al principio todo salga aparentemente bien, sin embargo, Él comenzará a hablar a nuestro corazón de diferentes maneras, haciéndonos saber si está bien o no lo está. Al no estar dentro de su propósito nos sentiremos tristes y buscaremos la forma de encaminarnos en sus planes nuevamente.

Las decisiones son la base de todo, decidimos, si le vamos a servir a Dios o no, si caminamos correctamente o no. Si caminamos en nuestra voluntad, atrasaremos nuestro ministerio o si nos encaminamos cada día más a Él, nos acercaremos a su propósito. Decidimos, si vivimos una vida normal o si vivimos una vida en lo sobrenatural. De una cosa estoy seguro, sea cual sea la decisión que tomemos, si primero la ponemos en las manos de Dios y es voluntad de Él, esa decisión será la correcta. Yo sé que muchos de nosotros si hubiera sabido cómo iba a ser el mundo en nuestra adultez nunca nos hubiese gustado haber crecido.

Cuando somos niños todo es distinto, todo es simple; a la vez que crecemos y comenzamos a pasar por situaciones que nos afectan y trastocan nuestros sentimientos, nos preguntamos, ¿Para qué hemos venido al mundo? Te tengo una noticia: nuestra vida aquí en la tierra es un ensayo o prueba y si queremos ver el cielo hay que graduarse. El hombre fue creado en el principio para la eternidad, pero el pecado se apoderó de él y ahora nosotros en este tiempo somos los llamados a hacer la diferencia y conquistar el reino de los cielos con todas las personas que podamos comprobarles que el cielo es real y es eterno.

CAPÍTULO 2

EL PODER QUE NOS MUEVE

*PORQUE TUVE HAMBRE, Y ME DISTEIS DE COMER; TUVE SED, Y
ME DISTEIS DE BEBER; FUI FORASTERO, Y ME RECOGISTEIS;*
S. MATEO 25:35

El Poder Que Nos Mueve

E l apóstol Pedro era un hombre rudo e impulsivo, muchas veces hacía las cosas y actuaba sin pensar, eso lo relatan muchos teólogos en sus estudios y exégesis. Cuando fueron arrestar a Jesús, él rápido sacó una espada y le cortó la oreja a uno del soldado romano. Fue muy impulsivo y aunque cometió muchos errores de los cuales llegó a arrepentirse, dentro de él había un poder que lo impulsaba, llegando a ser el máximo líder de la iglesia primitiva. El único que se atrevió a caminar sobre el mar, aunque luego se hundió porque quitó la mirada de su maestro y tuvo miedo, pero se atrevió a hacerlo. A través de sus sermones se convirtieron tres mil y cinco mil personas al evangelio.

La Biblia narra que cuando él caminaba la gente se sanaba con tan solo su sombra tocarlos. Ese poder que tenía en su interior era el Espíritu Santo. Tenemos que llegar a niveles mayores de relación con Dios de modo que la gente al mirarnos entienda y reconozcan que dentro de nosotros está el Espíritu Santo. Jesús, le dijo a Pedro: "Sobre ti edificaré mi iglesia", el significado de su nombre es roca. Ese poder que es el Espíritu Santo era el que movía a Pedro a hacer cosas grandes.

Segundo Viaje Misionero

Continente: África
País: Guinea Ecuatorial
Junio 2005

El escenario nuevamente es África específicamente la cuidad del año pasado Bata, llegamos de madrugada y pudimos observar muchos cambios, calles pavimentadas, más alumbrados e incluso hasta hubo mejoras en el aeropuerto. Comenzamos a ir a las iglesias como de costumbre de dos en dos o de tres en tres. En aquel momento me tocó visitar una iglesia con la líder del viaje, una mujer de oración y una fe inquebrantable. Allí se llevaría a cabo un culto dedicado a las mujeres, ya que en este país la mujer es muy marginada y en ese servicio la gloria del Señor se manifestó de una forma maravillosa. Mujeres llorando, siendo bautizadas, liberadas y ellas mismas se sorprendían al ver como Dios obraba en sus vidas.

Al salir, nos tocaba caminar una distancia bastante larga y oscura para regresar a la casa misionera, por un tipo de callejón donde se encontraba la iglesia.

No se veía nada, sólo las personas que caminaban por nuestro lado cuando ya estaban prácticamente frente a nosotros. Pude sentir, al caminar por ese callejón, cómo se escuchaban voces y risas que parecían maquiavélicas y burlonas. Joven, cuando la Biblia nos habla de las huestes espirituales en las regiones celestes, eso es real. Se siente esa pesadez y una opresión del maligno. Se sentían como te pasaban por el lado personas o cosas sin nosotros verlos. De una cosa estoy seguro, no pudieron hacer nada por que íbamos con nuestro protector, el Espíritu Santo.

En otra ocasión nos encontrábamos en la capital, en la ciudad de Malabo y los varones nos quedamos una noche en una casa. Dormimos en el suelo y le dejamos las habitaciones con las camas a las féminas. Me encuentro acostado mirando hacia el techo cuando miro hacia el lado, en el pecho de unos de los jóvenes que se encontraba conmigo en el grupo, veo a un niño como de unos cinco a seis meses con el rostro brillante encima de él. Comencé a orar y a reprender con autoridad y desapareció.

Luego, salimos para una campaña evangelística donde Dios volvió a hacer cosas grandes y poderosas. Más de cien personas en esos días de campaña vinieron a los pies de Jesús. Saliendo de un hotel donde nos hospedábamos esos días, en el área del Lobby, se nos acerca una anciana con el cuello torcido preguntando si nosotros éramos los que estábamos haciendo los servicios estos tres días, ya que le contaron a ella lo que estaba sucediendo, a lo cual le respondo que sí. Nos pide que oremos por ella porque lleva años con el cuello torcido y nadie había podido hacer nada y quería ser sanada. Ella nos dice que, si nuestro Dios sanaba, que oráramos por ella. Entonces, dije vamos a hacer un círculo de oración alrededor de ella y pusimos nuestras manos sobre la anciana y comenzamos a reprender y a decirle a ese espíritu de enfermedad que abandonara su cuerpo en ese momento. De repente comenzamos a escuchar cómo esas cervicales comenzaron a sonar y a enderezarse y cómo ese cuello comenzó a alinearse hasta que ella pudo levantar su cabeza derecha y gritar a gran voz fui sanada por Dios. Nos abrazaba de lo contenta que estaba. **¡Toda la gloria es de Dios**!

Llegamos a la casa misionera y me senté en el balcón solo escuchando música con unos audífonos; era tarde en la noche, después de llegar de varias iglesias ministrando, pero más alto que la música de mis audífonos se escuchaban unos tambores como un tipo de ritual o culto, era algo sobrenatural que se escuchara o que yo lo escuchara más alto que mis audífonos, pero no le presté atención hasta que cesaron. En este continente hay muchas religiones, ya que en cada tribu hay un brujo y trabajan con magia. Si no estás preparado espiritualmente, el miedo se apodera de ti, pero nuestra Biblia dice que Dios echa fuera el temor.

El próximo día me tocó predicar en una iglesia y al llegar el ambiente estaba cargado y con mucha pesadez. Expongo el mensaje que Dios puso en mi corazón, hago el llamado y nadie pasa. En un instante vino frustración a mi mente, porque creemos que, si nadie pasa después de una predicación al altar, es porque el mensaje no llegó. Sin embargo, nuestro trabajo es solo dar el mensaje que Dios nos da y Él se encargará del resto. Cambié la forma de hacer el llamado y cuando digo, cuántos quieren ser sanados por Dios. El altar se llenó y unos pastores comenzaron a orar por una joven la cual cayó al suelo. Dios me inquieta ir donde ella y orar nuevamente, cuando comienzo a orar ella comienza a hablar más fuerte o más alto que yo, con toda autoridad le digo enmudece que no te quiero escuchar y Dios la enmudeció. Comenzó a gemir como si tuviera una cinta adhesiva en sus labios y a tratar de sacárselo, le digo eres libre por la sangre de Jesús y se desmayó. Me acerqué y le dije al oído que era libre por la sangre de Jesús y comenzó a gritar en otro idioma o lengua. Al no poder entender lo que decía le pregunté al joven que estaba conmigo qué era lo que decía y el joven me contestó, te está maldiciendo en francés. Le digo nuevamente enmudece y eres limpia por la sangre de Jesús, y quedó como muerta, me le acerco nuevamente y le digo al oído repite conmigo soy libre por la sangre de Jesús y ella comenzó a decirlo y luego a gritar que era libre por la sangre de Jesús. ¡**A Dios toda Gloria!**

Cuando sentimos pasión por las cosas de Dios y por el llamado que nos ha hecho, todo es distinto. Sientes el respaldo de Dios tan real que el Espíritu Santo toma control de ti y ves cosas grandes ocurrir en tu vida. El profeta Jeremías escribió en su libro, "**Clama a mí y yo te responderé y te ensenaré cosas grandes y ocultas que tu no conoces**". Eso es Dios hablándole al profeta. En estos países donde el enemigo reina en la vida de estas personas y que posiblemente desde que nacieron fueron dedicados al maligno, la serpiente introduce su veneno, pero al llegar Jesús y aceptarlo, su sangre preciosa comienza a correr por sus venas, combatiendo el veneno del maligno, limpiándolos y sanándolos.

Cada día nuestro corazón debe estar agradecido por las cosas que Dios hace en nuestras vidas y por los errores que nos acontecen, también Él los convierte en bendiciones. Nuestra fe no está basada en ver para creer; sino en creer para ver. Muchas veces viene el desánimo, obvio somos humano, si no me pasara deberíamos estar en el cielo con un cuerpo glorificado, pero cuando vienen estos momentos de desánimo y de pensar en mis errores, comienzo a declarar bendición para mí y para otros. La clave está en la alabanza y adoración para que Dios se manifieste en nuestras vidas.

En nuestro caminar como creyentes nos suceden cosas o eventos que nos enseñan a depender de Dios. Me encanta cómo en nuestras vivencias aprendemos a conocer el corazón de Dios el cual siempre tendrá bien para nosotros y no mal, aun sabiendo esto siempre nos desesperamos. Él tiene cuidado de nosotros, la Palabra de Dios nos dice; sobre todas las cosas guarda tu corazón porque de él mana la vida (Proverbios 4:23). Nada sucede por casualidad todo tiene un propósito, sea bueno o malo, todo va a ser para nuestro crecimiento como ministros que somos. Tenemos que sacar el extracto de las pruebas, ellas producen paciencia y moldearán nuestro carácter.

Muchos experimentamos guerras espirituales, y momentos difíciles, pero he decidido poner mi mirada en Dios, se me ha hecho difícil, no obstante, mi Dios me ayuda a en mi debilidad, me ha dado paz y sé que lo que me ha sucedido no es para muerte, sino para vida. Cuando vemos el plan de Dios cumplirse en nosotros veremos el poder que nos mueve.

CAPÍTULO 3

PARA QUÉ FUIMOS CREADOS

MÁS VOSOTROS SOIS LINAJE ESCOGIDO, REAL SACERDOCIO, NACIÓN SANTA, PUEBLO ADQUIRIDO POR DIOS, PARA QUE VAYÁIS Y ANUNCIÉIS LAS VIRTUDES DE AQUEL QUE OS LLAMÓ DE LAS TINIEBLAS A SU LUZ ADMIRABLE; 1 PEDRO 2:9

Para Qué Fuimos Creados

Nuestro ministerio comienza desde que aceptamos a Jesús en nuestras vidas. Sabemos que la Biblia habla de que constituyó a algunos maestros, pastores, evangelistas, profetas y apóstoles (Efesios 4:11). Si eres de los que dicen que Dios no te ha dicho cuál es tu ministerio, ten presente que sí eres un ministro de Él. Según el Nuevo Diccionario Bíblico Ilustrado, la palabra ministerio significa: acto de ministrar o servir, esto significa que somos llamados para llevar a cabo un servicio, una labor para Dios… "Somos ministros de su reino". Como ministros que somos, tenemos que trabajar siempre para edificar no para destruir.

Hay muchos jóvenes heridos y con corazones vacíos buscando dónde llenarlos. Muchos jóvenes han confiado en "ministros de Dios", pero lo único que han recibido son heridas. Han tenido pasados oscuros que los han marcado, pero es nuestro trabajo anunciarles que hay un Dios que restaura y los utilizará para hablarles a otros jóvenes que están pasando por lo que ellos pasaron. Me pregunto, ¿cómo hay ministros de Dios que hieren a los jóvenes y los señalan por cosas del pasado? Nos olvidamos de la historia de Jesús con la mujer que fue sorprendida de adulterio que por ello querían apedrearla. Jesús dice: "El que esté libre de pecado que lance la primera piedra" y cuando ella se volteó a ver, todos se fueron y le preguntó Jesús a la mujer, dónde están los que te acusan. Podemos notar aquí una escena que habla de la compasión y amor de Jesús.

Errores del pasado de una vida de pecado marcan la vida grandemente, pero Dios es más grande que esas marcas. Tenemos jóvenes que han conocido a Jesús y por experiencias negativas se han apartado o retenido y tenemos que entender que somos humanos y mientras estemos en este cuerpo de carne vamos a tener nuestras luchas. Unos entienden que pueden dar 100% otros dan 70% y otros dan 30%, unos son más débiles espiritualmente que otros, si un joven falla y cae, nuestro deber no es fiscalizarlo o juzgarlo, hay que corregirlo y restaurarlo con amor.

Nuestro Salvador tiene varias herramientas para que nosotros seamos instrumentos útiles para esa juventud. Jóvenes que vienen de hogares disfuncionales que han sido maltratados y sus padres no han sabido cuidarlos ni amarlos. No supieron darles esa protección que como niños necesitaron y merecieron a través de su adolescencia y juventud. Corregirlos con el amor y la sabiduría que sólo Dios puede dar y ayudarlos a encontrarse con el amor de Jesús. Muchos de nosotros antes de ser ministros, en nuestros caminar y aún en la actualidad tenemos altas y bajas. Muchas bajas serán por nuestras propias decisiones o resultados de una mala decisión, otras porque son necesarias que pasemos por ellas y otras pueden ser porque algo que planificamos salió mal o porque vivimos en un martirio por un tiempo. Esto no significa que todo será así, es difícil, sólo sigamos intentando. Las altas vendrán cuando podamos o hayamos superado las bajas y llegarán momentos en nuestras vidas que recompensarán las bajas. Vendrán momentos de alegría al ver el pro- pósito de Dios cumplirse en tu vida. Para este tiempo fuiste creado, no para otro, para este tiempo fue que Dios quiso poner su mirada en ti.

Mi testimonio

Cuando somos niños vemos las cosas de forma más simple y cuando vamos creciendo comenzamos a ver las cosas muy diferentes y pasamos por acontecimientos que marcan nuestras vidas y trastocan nuestros sentimientos. No obstante, sin importar como percibimos los hechos, cuando Dios tiene un propósito con nosotros, nos guardará y a través de esos sucesos los usará para moldear nuestro carácter. Pasarán situaciones que dirás «para qué nací». Te tengo una noticia, nuestra vida aquí es pasajera y quizás lo sabemos, pero no de la manera correcta, somos peregrinos y extranjeros en esta tierra. Tenemos que pasar por un periodo de purificación de nuestra alma y espíritu.

Cuando no tenemos a Jesús en nuestro corazón vemos las cosas distintas y se hacen las cosas difíciles, cuando crecemos con Jesús en nuestras vidas y corazón, no es que van a ser las cosas más fáciles, pero tendremos todas las herramientas para sobrepasar las adversidades, lo digo por experiencia propia. Vengo de un hogar disfuncional, un padre bueno que nos enseñó mucha educación los primeros años de nuestra niñez, pero mientras fui creciendo, me di cuenta de que no era del todo bueno como yo pensaba, era un padre adicto a las drogas, sin embargo, Dios me bendijo con una madre luchadora y perseverante.

A la edad de 12 años decidí entregar mi vida al Señor al ver las situaciones que ocurrían en mi hogar y en la comunidad donde me criaba la cual estaba llena de violencia. Hoy me doy cuenta de que Dios tenía y tiene un propósito para mí. Mientras fui creciendo veía como muchos de los que se criaron conmigo les quitaron la vida, fueron encarcelados por delitos que cometieron, o se hundían en los vicios por droga-dicción. Yo no quería ser como ellos o como mi padre, sin embargo, en mi adolescencia y juventud hubo muchas cosas que me atraían y llamaban mi atención, sentía que había una guerra en mi interior.

El 12 de abril del 1992, comencé en un grupo militar y cris-tiano que influyó en mí grandemente. Aprendí destrezas que moldearon mi carácter hasta convertirme en lo que soy hoy día. Estoy muy agradecido de Dios primeramente y de estos líderes que marcaron mi vida. Antonio Díaz (El mayor) y Edgardo Maldonado (Capitán). Estaba pasando momentos difíciles que sólo yo sabía y no se lo comentaba a nadie. En este grupo de cadetes cristianos, militar muy disciplinado, encontré muchas herramientas que me ayudaron a sobrellevar las adversidades. Aprendí destrezas tales como: buceo, primeros auxilios, navegación, supervivencia, entre otras. En este grupo estuve diez años. En aquel lugar Dios trabajó conmigo de una forma especial y maravillosa, nos enseñaron a tener una entrega total al Señor.

A los 22 años ya había estudiado emergencias médicas y el mundo me hacía muchas ofertas y comencé a enfriarme en las cosas de Dios. Muchas veces como niño y adolescente me sentía en el foso de los leones, pero hoy digo mi Dios cerró la boca de esos leones. Sabía que su misericordia estaba conmigo cada mañana. Cuando me enteraba de que un amigo o un joven que se crío conmigo moría, me entristecía. Joven, te puedo asegurar que, si Dios tiene un propósito contigo, su protección andará contigo siempre, si lo atesoras en tu cora-zón. En una sociedad que carece de valores sociales y espiri-tuales, el propósito del Señor para con nosotros te hará entender para qué fuiste creado.

Tercer Viaje Misionero

Continente: Asia
País: India
Fecha: junio 2007

India, un país con muchas personas, una población casi incalculable, otros retos y otras experiencias por vivir. Llegamos al sur de India después de tantas horas de vuelo, específicamente en la cuidad de Chennai. Un grupo de 17 jóvenes entregados a morir por la causa de Jesús. Listos para realizar clínicas de salud. Un viaje de Puerto Rico a New York, Londres y finalmente la India. Las personas que nos esperaban estaban molestas, ya que llegamos un día tarde porque los vuelos se retrasaron en New York y hasta por este retraso perdí mi maleta donde se encontraban más de la mitad de mi ropa, ya Dios había comenzado a tratar conmigo para que dependiera de Él totalmente.

En la cuidad comenzamos las clínicas de salud alrededor de unas 800 personas y nosotros éramos sólo 17 jóvenes. En un momento la situación se puso tan tensa que los nativos comenzaron a desesperarse y comenzaron a empujar las puertas de los salones donde nos encontrábamos, se sentía una presencia maligna en ese lugar. Es un país que le dicen: (la tierra de los tres mil y un dios). Nos encerramos en los salones y el misionero nativo comenzó a dialogar con la gente y nosotros comenzamos a orar e interceder por la situación y por la misión. Vivimos un momento tan tenso en ese lugar, que, si no hubiéramos estado seguros de que fue Dios quien nos envió, nuestra fe hubiese menguado y pensaríamos que sería nuestro fin, pero Dios tomó control de todo. En un instante, se tranquilizaron las personas y pudimos realizar las clínicas y hablarles del amor de Dios con ellos.

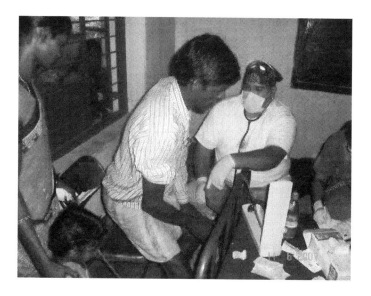

Salimos bajo una lluvia torrencial para descansar y al otro día temprano tomar tres trenes. Un tren de 10 horas, otro de 7

horas, y el último de 14 horas para ir a otra ciudad para realizar otros trabajos de evangelización. Nos movíamos de 2 a 3 días de ciudad para no despertar sospecha en el gobierno ni en los grupos extremistas de musulmanes e hinduistas extremistas, ya que es ilegal predicar el evangelio en este país. También, la iglesia estaba a 4 o 5 horas de camino de donde nos quedamos. En este país idolatran a los animales, mientras caminábamos pudimos notar cómo el enemigo tiene dominado este país. Dios nos ha dado toda autoridad para cuando lleguemos a estos lugares nos convirtamos en agentes de cambios. Como Dios le dijo al profeta Jeremías (Mira que te he puesto en este día sobre naciones y sobre reinos, para arrancar y para destruir, para arruinar y para derribar, para edificar y para plantar). Jeremías 1:10

Dentro de las muchas experiencias que vivimos en este país, nos tocó tomar un avión para movernos de una ciudad a otra, y en el aire, ya en pleno vuelo, el piloto anuncia por el inter-comunicador que íbamos a entrar en una zona de turbulencia, pero lo que el piloto y nosotros los pasajeros, no nos imaginá-bamos era que tan fuerte iba a ser la turbulencia, cuando entramos en ella, el piloto perdió el control del avión y se fue en picada. Al instante comenzamos a clamar a Dios, llenos de miedo y Él nos escuchó e hizo el milagro, porque cuando Dios te da una misión, Él va a permitir que cumplas la misma; Él nos envió y su propósito sería cumplido, las circunstancias no iban a impedir que nos sucediera nada que no estuviera en su plena y perfecta voluntad. En este país el evangelio es tan perseguido, donde lo más peligroso no era el gobierno como pensábamos, sino los grupos extremistas, pero nada de esto nos intimidaba por varias razones:

- Dios nos había confirmado el viaje; nos dijo que saldríamos y regresaríamos con bien.
- Teníamos en nuestros corazones la pasión por llevar la palabra de Dios en este país.
- Al llevar a cada hogar un culto, podíamos ver como en los rostros de cada persona se reflejaba la sed de Dios.

Unas de las cosas que marcó mi vida fue que cada vez que llegábamos a cada servicio, sea donde fuera, ellos nos sentaban a todos al frente y nos lavaban los pies y las manos, (es una práctica de ellos en relación al servicio) no nos podíamos negar porque si lo hacíamos era una ofensa para ellos. Mientras acontecía este servicio por su parte, no podía evitar llorar al ver la humildad y la reverencia con las cosas de Dios. Al entrar al templo o al culto donde sea que ellos habían determinado llevarlo a cabo, teníamos que quitarnos los zapatos para poder entrar, (ésta era otra costumbre de ellos). Ver cómo los niños adoraban y oraban a Dios era maravilloso.

Otra cosa que me impactó fue que en el momento del mensaje todos sacaban una libreta y escribían el mensaje que se predicaba, ¡*wow!* sed de Dios de verdad. Se predicaba en inglés y se traducía a hindi y en otros dialectos, dependiendo la cuidad o selva donde estuviéramos. En el momento de la ministración no se movían hasta que algunos de nosotros orábamos por ellos, pudimos ver y experimentar milagros de Dios y conversiones de nativos hinduistas entregándoles sus vidas a Jesús. Fue tanta la gloria de Dios, que un día salimos de un culto glorioso directo al río Ganges a bautizar 24 personas que decidieron entregar sus vidas a Jesús, ¡wow, wow! Dios es real. **¡A Dios toda la gloria por los siglos de los siglos!**

La enfermedad atacó mi cuerpo

Estando de camino a la cuidad de Raiga Rh, en el estado de Chhattisgarh, comencé a sentirme mal y me habían indicado que me tocaba predicar en esta ciudad. Una de las líderes me dijo: Lucas, ésta es una de las ciudades donde más nos persiguen, es decir; donde más son perseguidos los cristianos. Le contesto: no hay problemas, prediquemos. Seguía sintiéndome cada vez peor con una fiebre alta y un dolor fuerte en mi cuerpo que no podía casi caminar. Clamé a Dios y le digo:
—Señor, permíteme predicar en este lugar, mi corazón lo anhela, pero que se haga tu voluntad. Llegamos al hotel en la noche, me quedé dormido y al día siguiente me levanté sano, no tenía ni una pizca de fiebre, ni dolor en el cuerpo.

Prediqué el mensaje que Dios había puesto en mi corazón con muchas ganas y entusiasmo. Dios hizo la obra y las personas aceptaron a Jesús en sus vidas como su exclusivo Salvador, eso fue algo maravilloso.

Nuevamente tan pronto llegué al hotel comencé con los mismos síntomas; incluso el presidente de nuestro concilio, que para ese tiempo era el director de las misiones a nivel internacional, se quedó conmigo cuidándome dos días. Por un momento comencé a dudar y decirle a Dios que pusiera su mano cuestionándole qué pasaba con mi cuerpo y con mi salud, y de repente escuché la voz de Dios que me decía con autoridad: **(los llevé y los traeré con bien)**. Al otro día me levanté sano, ¡Eso lo hace Dios, Gloria a Él!

Estando en Puerto Rico, dando el testimonio de lo que Dios había hecho en la India en una Iglesia Pentecostal, y a su vez hablaba de la experiencia que tuve con mi enfermedad y veía como una hermana de la iglesia, una sierva de oración comenzaba a llorar mientras yo hablaba. Dije por dentro de mí: Dios le está ministrando. Cuando terminó el culto ella se me acercó y me dijo: (Lucas esos días que decías que estuviste enfermo, Dios habló a mi corazón y me dijo ora por Lucas que tiene un ataque de muerte en la India). Lágrimas comenzaron a caer de mis ojos y la abracé. ¡Verdaderamente Dios tiene cuidado de los suyos!

Retomando al viaje de la India, uno de los días que estuvimos en la capital Nueva Delhi en un culto, entraron tres hombres con unos turbantes en sus cabezas, yo me encontraba en la puerta del centro y me asusté un poco, ya que parecían musulmanes.

Ellos tomaron una parte en el culto y en efecto habían sido musulmanes, pero habían entregado sus corazones a Jesús y venían a dar palabras de saludos y de aliento a seguir predicando el mensaje del evangelio no importando lo que pasara.

Es increíble estar en una ciudad predicando el evangelio de Dios y ver cómo la maldad y la opresión es inmensa, pero también ver como Jesús hace el cambio en esas personas; porque tuvimos el valor de poner en acción la misión… **«Para esto fuimos creados»**.

CAPÍTULO 4

HONDAS, PIEDRAS Y GIGANTES

Así venció David al filisteo con honda y piedra; e hirió al filisteo y lo mató, sin tener David espada en su mano.
1 Sam. 17:50

Honda, Piedras y Gigantes

E l campo de las misiones es semejante al campo de batalla, en una ocasión David antes de ser rey libró una batalla contra un filisteo llamado Goliat. Un hombre de guerra adiestrado para eso mismo. En el campo misionero hay muchos gigantes que nos van a hacer frente y tendrán una armadura, debemos tener en mente que estos gigantes lo único que hacen es pelear en guerras para esto fueron creados para matar y destruir. Nos provocarán, harán ruido, vendrán con fuerza, pero Dios nos capacita para esto mismo, para la guerra. El libro de los Salmos dice así:

"BENDITO SEA EL SEÑOR, MI ROCA QUE ADIESTRA MIS MANOS PARA LA GUERRA Y MIS DEDOS PARA LA BATALLA"

(SALMO 144:1-2, LBLA)

En tu caminar, como ministro de Dios, te encontrarás gigantes que cuando se enteran de que tienes llamado, te harán la vida imposible. Tratarán de quitarte las fuerzas. El gigante del desánimo, el gigante de la frustración, y otros muchos gigantes espirituales y malignos como principados que han sido creados para detenernos y no llevar esta encomienda.

En el campo hay muchas piedras que son nuestras herramientas para vencer estos gigantes. Piedras que son dirigidas por nuestro Señor. La Biblia está llena de muchas de estas piedras para derribar muchos gigantes. Joven, como Jesús nos dio esta misión, así también nos da las herramientas para llevarla a cabo. Se levantarán gigantes, pero no todos los gigantes los vas a derribar con la misma piedra. Tú vas a hacer esa onda que lanzará cada piedra que Dios pondrá en tu camino. Serás esa herramienta útil que le darás dirección a esa piedra hacia la frente de esos gigantes. En este capítulo les digo que me enfrentaba al gigante del reto, ya que este próximo viaje que les cuento me tocaba dirigirlo.

Viaje Misionero

Continente: Centro América
País: Belice Julio 2008.

En el verano del 2008 emprendí un viaje para el área de Centro América en la República de Belice, un país totalmente distinto a India y África por sus culturas y creencias. Un país de descendencia de los indios mayas y católicos, donde no hay problema con predicar el evangelio con el gobierno o las autoridades, pero sí con los grupos satanistas y brujos mayas, no obstante, cuando la llama del evangelio arde en tu interior no hay temor en llevar el mensaje; La Palabra de Dios dice:

"Porque no nos ha dado Dios espíritu de cobardía, sino de poder, de amor y dominio propio"
(2Timoteo 1:7).

Llegamos e inmediatamente comenzaron los ataques. La guagua que nos iba a transportar del aeropuerto a la casa misionera, el día antes, se reventó una llanta y no se consiguió una repuesta por todo el país. Teníamos que cruzar la frontera e ir a México para comprarla. Tuvieron que conseguir otros vehículos. Llegamos a la casa misionera y el clima era bastante caluroso. Inmediatamente, ese primer día celebramos el primer servicio en la ciudad de Orange Walk, en una iglesia rodeada de personas que practican la brujería. Se realizó un culto glorioso, personas vinieron a los pies de Jesús, pude experimentar la llenura del Espíritu Santo dándome nuevas fuerzas.

Esta llenura llega cuando tenemos una intimidad con nuestro Padre Celestial, y aprendemos a depender de Él. Cuando hacemos su perfecta voluntad siempre vamos a tener un poco de temor, pero el Espíritu Santo toma control de nosotros y eso desaparece.

Al segundo día salimos a evangelizar en las calles y viajamos unos kilómetros para llevar ropa y literatura a una familia que su casa fue devastada por un huracán antes de nosotros llegar.

También le dimos soporte espiritual y emocional a una familia que había perdido todas sus pertenencias y nos dijeron que unas inundaciones en un golpe de agua se llevó una casa con una familia completa. Visitamos un pastor, su casa estaba construida de hojas de palmas y el suelo de tierra, ubicada en un lugar boscoso. Muchos de nosotros nos quejamos de nuestras cosas, sin embargo, estas personas viven felices con lo que tienen. Llevamos Biblias de estudios para los pastores, ya que en este país es difícil conseguirlas. Uno de esos pastores lo que tenía era una biblia de viaje que tenía la carpeta rota. Llevamos libros de escuela bíblica, el rostro de estos pastores y sus esposas al recibir esta literatura era de felicidad y alegría. Para esto y muchas otras cosas más somos llamados, para ayudar al necesitado. No es solamente pararse en un púlpito y llevar un sermón, sino ir donde está la necesidad y demostrar el amor de Jesús, que las vidas vean a Jesús reflejado en nosotros.

En estos países donde hay tribus de nativos a ellos no le interesa ver que tu conozcas mucha teología, lo que estas personas desean ver es el amor de Dios a través de ti.

En este país visitamos el único hospital que había en esa ciudad, donde muchas de las habitaciones no tenían aire acondicionado. No es lo mismo escuchar esto de los países y verlo por la televisión, que verlo en persona. Comenzamos a predicar la poderosa Palabra de Dios y hacer lo que Él nos mandó. Se hizo el llama- do de salvación después de dar la palabra de vida que Dios nos mandó a hablar, y cuando preguntamos quien quería aceptar a Jesús en sus vidas, unas seis personas levantaron las manos. Eso no fue lo grandioso, lo maravilloso fue cuando nos acercamos para solicitar su información para darles seguimiento y discipulado las personas hablaban francés e inglés. Les pregunté cómo entendieron si se predicó en español, ¡wow! muchas veces nosotros mismos dudamos lo que predicamos, ellos indicaron que no sabían, pero ellos lo había entendido en su idioma. Eso lo hace Dios, el trasciende las lenguas y los idiomas, Dios tiene un propósito con esas personas.

Después de visitar el hospital fuimos a otra ciudad y estuvimos tres horas evangelizando casa por casa. Llegamos a una casa donde vivía un caballero con sus tres hijas y nos invitó a pasar, su casa era muy humilde. Conversamos con el caballero y nos narró que llevaba lejos de Dios diez años porque cuando su esposa murió la iglesia a la que él asistía le

ESE ES JESÚS, EL PRINCIPAL PERSONAJE EN LA BIBLIA Y EL QUE TENEMOS QUE MOSTRARLE A CADA PERSONA EN CADA PAÍS, TRIBU Y NACIÓN, QUE VAYAMOS.

dio la espalda, (cito lo que él nos dijo), así que se vio solo con sus hijas pequeñas. Sintió el rechazo y durante todos esos años, nadie lo había visitado hasta ese día que llegamos al hogar. Dios nos dio palabra a cada uno de nosotros para ministrarle y hablarle. Esa tarde decidió regresar a los pies del Maestro. Comenzó a llorar desconsoladamente, comenzamos a sentir la presencia de Dios restaurando su corazón y su mente. Lo invitamos a un culto que realizaríamos en la noche en esa ciudad y al llegar la noche el caballero llegó a la iglesia con sus hijas y también pasó al altar. Es que Dios tiene el control de todo. Trabajamos en las plazas evangelizando por las noches y orando por cada persona que aceptaban la oración. Podíamos ver la gran necesidad en las plazas y ciudades observando cada joven por el que orábamos, y sus ojos nos mostraban tanta necesidad espiritual. Cuando un país o ciudad no se rige por Dios, lo gobierna el enemigo y es difícil evangelizar, pero no imposible, ¡*a la presencia de Dios la tierra tiembla*!

La brújula en nuestro mapa

Siempre se establece una misión se crea un plan de acción y vamos a necesitar quien nos guíe. En los tiempos antiguos muy antiguos se utilizaba una brújula. ¿Qué es una brújula? Es un instrumento utilizado para calcular la orientación y el rumbo según los puntos cardinales. Norte, Sur, Este y Oeste. Este instrumento fue creado para orientar a los navegantes que atravesaban grandes mares cuando no existía radiales ni otros instrumentos que les permitirían su rumbo bien encamonado. La brújula siempre marca el Norte, por lo tanto con la ayuda de la brújula y el mapa los marineros marcaban el lugar al cual querían viajar.

Ya sabemos qué es una brújula, ahora tenemos que entender que nuestro Señor Jesús nos dejó al Espíritu Santo como brújula y su palabra como mapa, el mundo es nuestro mar y cada corazón de cada persona es nuestro destino para llegar guiados por la brújula del Espíritu Santo. Nuestra misión como siervos, ministros de Dios servidores del más alto reino que ha existido, es buscar cada ser humano sin fe y sin esperanza y mostrarle el mapa para que en el mar del mundo que hay vientos fuertes, hay olas altas que azotan sin compasión llevarlos a puerto seguro con nuestra brújula que es el Espíritu Santo de Dios. Un mapa no lo podemos leer sin una brújula; y me dirás: ¡ah pero ya no necesitamos esas brújulas antiguas!. En el mundo tendremos aflicciones que nos van a desorientar y para orientarnos tenemos que buscar la brújula que es nuestro Espíritu Santo. Jesús es nuestro norte. ¿Cómo encontramos nuestro norte? Solo mira hacia el cielo, clama a Jesús nuestro pronto auxilio.

En el campo Misionero existen diferentes terrenos y para eso necesitaremos el mapa específico para saber dónde dar nuestros pasos. Nuestra brújula el Espíritu Santo, siempre nos guiará a toda verdad y toda justicia. La prioridad del Espíritu Santo es ser nuestro guía. La Biblia nos dice en Juan 14:16; Y yo rogaré al padre y os dará otro consolador, para que esté con vosotros para siempre. El mapa nuestra Biblia está hecha para trabajar en conjunto con nuestra brújula el Espíritu Santo. ¿Cómo podemos aprender a usar nuestra brújula? La oración es clave para aprender a usar nuestra brújula. El campo misionero es un terreno amplio para dejarte guiar por el Espíritu Santo, el mandato que hizo Jesús fue: Id por todo el mundo y llevar este evangelio a toda criatura es para todos y todas. Nos corresponde a todos dejarle saber al mundo que Jesús está vivo y viene por segunda vez.

Guatemala 2017

En esta ocasión, nos dirigimos hacia Centroamérica, más específicamente a Guatemala, un país que se encuentra repleto de tradiciones Mayas y de personas que aún creen en dioses paganos. Este viaje fue iniciativa de nuestro pastor, quien encendió en nosotros el deseo de visitar esta hermosa tierra. Los milagros comenzaron a suceder antes de salir del país: a pesar de nuestras dificultades financieras, logramos comprar los boletos de vuelo y una persona desconocida se ofreció a pagar por todo lo que habíamos invertido. Esto nos demostró que Dios tenía el control de todo. Al llegar a la capital, Ciudad de Guatemala, nos hospedamos en un lugar reservado por el pastor local y al día siguiente partimos hacia un poblado cercano a la frontera con El Salvador. Durante el viaje, un auto que iba delante de nosotros se detuvo de repente y nos acusó de haberlo impactado. Dos hombres se bajaron del auto exigiéndonos que nos bajáramos para hablar con ellos, pero nosotros decidimos orar al Señor y mantenernos en el vehículo. Sabíamos que este era un ataque del enemigo, pero estábamos seguros de que estábamos en territorio enemigo proclamando el reino de los cielos. Al llegar a nuestro destino, realizamos una cadena de oración para dar gracias a Dios por habernos cuidado durante todo el viaje. Iniciamos nuestro trabajo evangelístico, visitando la casa del pastor que nos había recibido, y oramos por su suegra que estaba enferma. Durante tres días, realizamos una campaña evangelística en un espacio abierto y muchas personas aceptaron a Jesús como su único y exclusivo salvador. Las ofrendas que se recogieron fueron entregadas a la pastora de la iglesia local, quien había perdido a su esposo, el pastor de la congregación. Ella se preguntó por qué le estábamos dando el dinero, pero le explicamos que no lo necesitábamos, que

habíamos ido a bendecir y no a llevarnos nada. Además, dedicamos un día para trabajar con niños y para mostrarles el
amor de Jesús en sus vidas. También trabajamos con líderes y
pastores de diferentes iglesias, motivándolos y sirviendo
como ejemplo. Fue una experiencia maravillosa, ya que hacer
la voluntad del Padre es gratificante para nuestro espíritu. El
Espíritu Santo es una brújula que siempre nos guiará por el
camino correcto y la Biblia es un mapa que debemos
consultar para obtener las direcciones precisas para enfrentar
las dificultades de la vida.

CAPÍTULO 5

SIEMPRE HAY QUIEN NOS MOTIVE, JESÚS

Todo lo puedo en Cristo que me fortalece.
Fil. 4:13

Siempre Hay Quien Nos Motive, Jesús

Toda la historia en la vida tiene un propósito y un significado y el centro es Jesús.

Adán- Es comparado con el segundo Adán que en el huerto fue purificado y es el comienzo y una vida eterna en Jesús.

Abel- Fue asesinado injustamente por su propio hermano y la tierra pide justicia, Así como Jesús fue asesinado injustamente por su propio pueblo y hermanos al ser todos creados por el mismo padre.

Abraham- Llamado a salir de su tierra y parentela a una tierra extraña para crear un nuevo pueblo, así fue llamado Jesús y se ofreció descender a la tierra a crear un nuevo pueblo que estaba perdido a reconciliarlos con el Padre.

Isaac- Hijo amado y deseado entregado en sacrificio por su padre. Al entregarlo a Jehová como ofrenda, aunque, no lo concretó físicamente, pero sí en su corazón. Así fue entregado Jesús como oveja al matadero como ofrenda para limpiar el pecado de nosotros.

Jacob- Luchó con fuerzas por una bendición y se le dio un golpe de justicia. Así luchó Jesús en la cruz hasta que le fue dada la bendición más grande otorgada, que su nombre fuera sobre todo nombre.

José- Aunque fue humillado y vendido por sus propios hermanos, supo estar a la diestra del rey y perdonar a los que le hicieron mal. Así Jesús que estuvo a la diestra del Padre, pudo abogar por cada uno de nosotros y solicitar el perdón de nuestro Padre Celestial.

Moisés- Supo colocarse entre el pueblo de Dios para hacer brecha y abogar por su pueblo, Así Jesús es el mediador entre la creación y el Creador para reconciliarnos con él.

David- Siendo pastor se ofreció pelear con un gigante y darle la victoria, aunque su pueblo luego no lo reconoció. Así Jesús murió por nosotros y su pueblo muchas veces no lo reconoce.

Ester- Decidió dejar el trono, riqueza y comodidad para ofrecer su vida por su pueblo, sin importar perecer en el intento y que el rey no le extendiera el cetro sólo por darle libertad a su pueblo.

El cordero- Así como mataron un cordero para plasmar en los dinteles de las puertas de su pueblo para que el ángel de la muerte pasara de largo y no los tocara, así Jesús fue el cordero que con su sangre marcó nuestros corazones para que el ángel de la muerte pase de largo y no nos toque.

Nuestro mayor ejemplo de esparcir la semilla es Jesús. Desde que emprendió su ministerio evangelístico con sus discípulos comenzó a extender el reino de los cielos aquí en la tierra. Su amor por la gente para que conozcan la verdad y el reino del Padre es grande. Cuando tuvo el encuentro con la mujer samaritana y le ofrece del agua de vida, ella regó la voz de que había tenido un encuentro con el Mesías el Salvador. Jesús, no le importó las reglas o costumbres de su tiempo de que los samaritanos y judíos no se mezclasen entre sí. Su ejemplo de amor por una vida es algo que nos motiva a tener en nuestros corazones el mismo amor que Él tiene. Nuestro caminar debe ser como el de Jesús, o sea nuestro caminar no debe estar basado en cuán rápido camines o corras, sino en cuan firme des tus pasos, mirando a Jesús como nuestro mejor ejemplo y cuan firme caminó.

En nuestro caminar tendremos diferentes suelos para desarrollar nuestros pasos. Suelos rocosos, lisos, mojados y hasta resbaladizos; incluso te enfrentarás con inundaciones que las mismas no nos permitirán caminar, sino nadar. En todos estos tipos de suelos Dios puede capacitarnos, nosotros en todos estos tipos de suelos no importando cuál sea, nuestros pasos tienen que ser firmes hasta en el agua porque Dios puede hacernos caminar sobre ellas. Para cada suelo hay un tipo de calzado específico, pero para ello hay un tiempo y una ocasión. Si primero estas pasando por el suelo liso y vez que se aproxima uno rocoso y no has terminado el suelo liso, termínalo con ese calzado que es el correcto para luego ponerte el calzado para el suelo rocoso porque será incomodo caminar con el calzado equivocado. En nuestro caminar siempre habrá dificultades, lo importante es mantenernos en constante alabanza a nuestro creador. Vendrán momentos difíciles que marcarán nuestras vidas, pero a la vez moldearán nuestro carácter y definirán nuestra vida devocional con nuestro Señor. Nuestro caminar, aunque lo dudes, y el futuro sea incierto, de una cosa estoy seguro, Dios nunca te dejará, somos su máxima creación nos escogió para revelar sus secretos. Confía en el Señor que, aunque tus caminos sean de rocas y espinas, tus pasos sean firmes y contundentes.

CAPÍTULO 6

PENSAMIENTOS DE REFRIGERIO

Pero los que esperan a Jehová tendrán nuevas fuerzas; levantarán alas como las águilas; correrán, y no se cansarán; caminarán, y no se fatigarán. Isaías 40:31

Pensamientos de Refrigerio

Sabemos en la forma que se rejuvenece el águila. Que va hacia lo más alto de una montaña y pasa por un momento de transformación doloroso, pero luego de un tiempo toma nuevas fuerzas. Los momentos dolorosos son necesarios para nosotros, nos ayudan a movernos en las alturas. El águila sabe que estando en lo más alto de una montaña, ningún depredador puede alcanzarlo o algún cazador, ya que sabe que cuando está en el proceso, está vulnerable y reconoce su debilidad, pero en las alturas nadie lo puede alcanzar. Nosotros debemos remontarnos a las alturas cerca de nuestro Creador. En las alturas cerca de Dios ningún depredador nos puede atacar. Si permanecemos en alturas no podrá arrancarnos nuestro pelaje, pico y garras y podremos echar un nuevo plumaje para seguir esta lucha. Estamos diseñados para movernos en las alturas.

1. Dios nos hizo para caminar, no para detenernos, ni estancarnos. No es que cuando tengamos un tropiezo no nos vayamos a levantar, cuando tenemos un tropiezo disminuimos velocidad, pero que en tu corazón se mantenga la misma intensidad de tu caminar para cuando te levante mantengas el paso dejado atrás. Nuestros pies y calzado están hechos para todo tipo de terreno, somos hechos para escalar y seguir avanzando no importando los tropiezos. Cuando no puedas más, su palabra dice

"Clama a mí y yo te responderé dice Jehová." Jeremías 33:3.

2. Nacimos y nos criamos en una sociedad totalmente distinta al propósito que Dios quiere para nuestras vidas. Ponemos en

segundo plano cosas que son prioritarias. Llega el momento difícil a nuestras vidas y no podemos combatirlo porque las herramientas las tenemos en el grupo del segundo y tercer lugar. Hagamos todo como si fuera para nuestro Dios y tratemos de reflejar a Dios en nuestros actos. Que el protagonismo quede en último lugar. Preguntémonos ¿Qué haría Jesús en mi lugar? La palabra dice; que Dios tenía ya tu vida trazada cuando menciona: (desde el vientre de tu madre te conocí).

3. La mujer del flujo de sangre hizo lo imposible por tan solo tocar el manto de Jesús, ella sabía que si lo tocaba era sana, en ella había una fe tan genuina que eso ayudó que recibiera su milagro. Fijemos nuestros ojos en el autor y consumador de la fe. Y entreguémosle todo y él nos dirá: — "Te haré entender, y te enseñaré el camino en que debes andar; Sobre ti fijaré mis ojos." (Salmos 32: 8).

4. Hay dos formas de ser sacudidos, por cosas buenas de parte del cielo dirigidas por Dios y las que te sacuden tus sentimientos tristemente. Las que te sacuden los sentimientos, trastocan tu corazón y cuando hablo de corazón, hablo del alma donde están tus sentimientos, el corazón sólo es un órgano y un músculo, pero ahí es que sentimos el dolor, pero cuando nos dedicamos a bendecir a Dios en medio de ese dolor, esas heridas son sanadas poco a poco por nuestro Señor; Nuestro Padre celestial toma lo que te sacudió negativamente después de ser sanado y lo transforma en bendición a tu vida que te sacudirá positivamente.

5. ¿Qué es avivamiento? Avivamiento no es que un predicador ore por una persona y la misma salga danzando y hablando en lenguas, que los zapatos salgan volando y tu cabello sea desgreñado. Avivamiento es que en tu caminar

muestres a aquel quien merece toda la gloria y la honra, que donde sea que Dios te dirija, la gente pueda decir: — ¡yo quiero lo que tú tienes, yo quiero a Jesús en mi vida! Cuando entres a un lugar el mismo sea bendecido como dice las Escrituras. Avivamiento es que en un país o un estado la entrega a Jesús sea tanta que todos los enfermos sean sanados, la criminalidad disminuya, que todos los cristianos y las iglesias de sana doctrina se muevan en una sola dirección y no contender cual es la iglesia más grande o quien tiene el mejor gabán o vestimenta. Avivamiento es que en la comunidad haya personas con necesidades en sus casas y la comunidad de fe no importando a la iglesia que asistas, puedas suplir dichas necesidades sin inconvenientes, eso es avivamiento. Que una nación completa se vuelva a Dios y reconozcan que él es el dueño y Señor de su país. Mientras nos enfoquemos, que avivamiento es un culto donde todos salgan brincando y hablando en otras lenguas, estamos muy mal enfocados, el hablar en otras lenguas y sentir la presencia del Espíritu Santo es muy hermoso, pero no lo es todo, porque muchos cuando salen de los cultos experimentando en sus vidas éstas manifestaciones siguen igual, no se ve en ellos un cambio, pisan la acera fuera de la iglesia y están vacíos. Hermanos el diablo también habla lenguas y sabe otros idiomas. Aviamiento es que una nación se vuelva a Dios y sucedan cosas nunca vistas; positivas para el reino de los cielos.

Muchas veces en la vida andamos ambivalentes, estamos por un tiempo fogosos y queriendo ir a cada actividad cristiana, y luego tiempo después, deseamos todo lo que el mundo nos ofrece. El mundo nos plantea el estilo ideal de vivir. Entonces, a quien agradamos, a Dios o tratamos de agradarnos a nosotros y a nuestro ego o tratamos de agradar a nuestras amistades, o nos dejamos llevar por la moda. Estamos en

unos tiempos muy difíciles que no podemos estar jugue-
teando a ser cristianos, ponemos en juego nuestra identidad,
aunque hay personas que no tienen identidad propia porque
son cambiantes, y rápido nos justificamos diciendo: —Dios
es entendido y él conoce nuestro corazón, el hecho de que
Dios conozca tu corazón, no significa que te va a salvar por
lástima, si haces las cosas incorrectas, cosecharás lo que
siembras, luego no digas que no fuiste advertido. Hay dos
vidas eternas, tú escoges. Llegas a tu casa y te sientes
vacío(a) en tu interior porque lo que hiciste durante el día es
aparentar que todo está bien, pero cuando te encuentras con tu
verdadero yo, sigues vacío(a) y nada de lo que haces o
escribes por las redes sociales es real o llena tu corazón; tú
tienes la verdadera solución a tu vacío y es la única para el
mundo, y lo sabes, es mejor no aparentar.

Cuando decimos que vivimos anclados en Jesús, debemos
primero comprender que es un ancla. El ancla es una herramienta que se utiliza principalmente a un pedazo de acero
pesado amarrada a una enorme soga para aguantar una
embarcación, puede ser que aguante el barco, pero no está
fijo. Todo objeto que no está fijo tarde o temprano se moverá
con vientos fuertes, siempre va a haber algo más fuerte que
ejercerá una fuerza contraria, acuérdate que el ancla no nació
en el fondo del mar o la orilla, es solamente un objeto anclado
o puesto. Si llega el viento fuerte en combinación con las
grandes olas, arrancarán con furia esa embarcación y nos
despojarán de nuestro suelo, que en mi barca esté Dios como
capitán, porque, aunque el viento arranque mi ancla, no me
iré a la deriva porque confío en el que pilotea mi barco y él
me llevará a puerto seguro. Si conozco quien está en mando
del timón, no debo preocuparme de que camino tomará.

Nuestro caminar siempre va a hacer de altas y bajas, lo más importante es en todo mantenernos en continua alabanza a nuestro Creador. Momentos difíciles que marcarán nuestras vidas, pero a la vez moldearán nuestro carácter y definirán nuestra vida devocional con nuestro creador. En nuestro caminar, aunque para nuestros ojos el futuro sea incierto de una cosa estoy seguro, Dios nunca te dejará. Somos su máxima creación, nos escogió para revelar sus secretos. Jeremías 33:3 nos dice: **"Clama a mí y yo te responderé y te ensenaré cosas grandes y ocultas que no conoces"**. Confía, aunque en tu caminar te tropieces con rocas y espinas tus pasos sean firmes y contundentes.

1. Hay momentos en nuestra vida que somos golpeados fuertemente y cuando menciono la vida me refiero a nuestro diario vivir, nuestras circunstancias. En ocasiones hemos sentido que nos han pisoteado, nos han quitado la túnica, hemos sentido la muerte asechándonos; han querido lanzarte al pozo y has sufrido humillación, pero de una cosa estoy seguro y es que de lo vil y menospreciado, escogió Dios para avergonzar a los sabios, Dios colocará en tus manos las llaves del palacio y te dará autoridad para arrancar, para plantar, para hacer cosas que aquellos que decían ser tu familia dudaron de ti, de estar en el pozo, pasarás a ser gobernador en el palacio del Rey, tus ropas serán cambiadas, utilizarás vestimentas reales, cuando Dios quiera posicionarte en el palacio nadie te podrá mantener en el pozo abandonado.

2. El hombre y la mujer siempre van a necesitar urgencia de Dios, nuestra naturaleza mortal siempre nos va a pedir explicación para lo inexplicable, cuando llegue ese momento en nuestras vidas, de querer entender lo que para nuestro razonamiento no tiene explicación, el poder de Dios se hará presente

en tu corazón a través del amor de Jesús para darnos consolación.

3. Cuando caminamos con Dios, siempre lo haremos en las alturas; pero llegarán momentos en nuestras vidas que, aunque caminemos alto, los vientos contrarios nos azotarán con violencia. En ese momento, clamemos como el Salmista: *"llévame a la roca que es más alta que yo"*. Cuando Dios te posiciona aún más alto de donde caminas, nada podrá afectarte porque el Poderoso te llevó más alto aún, para que puedas sobrepasar esa prueba. Salmo 61:2.

4. Aunque el cielo se nos torne gris, hay una pro- mesa que Él nos hizo. Vemos que pasamos por desiertos como el pueblo hebreo, los vientos contrarios nos azotan fuerte y todo está en contra de nuestro razonamiento. Todo pasa por un propósito, podemos tomar la decisión de salir de la barca y caminar, aunque comencemos a hundirnos; pero, aunque sintamos que nadie nos extenderá la mano, ahí está Jesús para hacerlo. Es difícil, lo sé, pero Él hará que suceda. Isaías 60:22.

5. Un anciano construyó un refugio, para que por medio de éste se salvaran varias especies y al ser humano, cada especie como el ser humano la máxima creación de Dios, hallaron salvación. No se construyó un timón para que el anciano lo piloteara buscando dirección, sino que iba a ser manejada y guardada por nuestro creador. Cientos de años más tarde vuelve el padre celestial a enviar un nuevo refugio, para que por medio de éste seamos salvo y nos lleve navegando por el mar del Espíritu Santo hacia nuestro creador, él es nuestro refugio, en él cabemos todos, nos acercó a él por medio de su preciosa sangre que fue vertida en el madero; al igual que el arca que salvó a todas las especies, esa arca todavía tiene sus puertas abiertas, Él es Jesús.

6. La brújula o compás es un instrumento que se creó a finales de la edad media y es en forma circular, tiene cuatro puntos cardinales y un águila que gira en su propio eje la cual siempre está dirigido al norte magnético del globo terrestre. Nosotros como ciudadanos del cielo no debemos girar en nuestro propio eje, sino que Jesús sea nuestro eje, el cual nos llevará siempre a dirigirnos a nuestro Norte que es Dios. En nuestra vida hay cuatro puntos cardinales y entre medio de esos puntos hay otros. Norte, sur, este y oeste; entre medio de ellos están el sureste, noreste y así sucesivamente. No somos de los que giramos sin pensar que dirección tomar ni somos de los que tenemos puntos medios. Nuestro eje es Jesús y nuestro norte el Padre Celestial. Conviértete en una brújula del cielo para girar a otros al mismo camino.

7. Cuando tienes el privilegio de ir a un país, nación, tribu o etnia a servir. Cuando pones en acción la palabra ministerio que viene del original servidor o servir, te conviertes en un canal de bendición para otros. El propósito de que nosotros la iglesia estemos en este mundo es expandir el reino de Dios y mostrarles a ellos lo maravilloso que es el amor de Jesús. Seamos servidores y no servidos. Hay una multitud que se muere sin conocer a Jesús. Conviértete en parte del reino de los cielos aquí en la tierra, obsequiemos amor y las buenas de salvación.

8. Dios ha declarado una palabra para cada uno de nosotros. Sus promesas están siempre latentes para hacerse realidad en nuestras vidas, sólo tenemos que poner en acción nuestra fe y apoderarnos de lo que nos prometió. En el caminar ocurrirán eventos que nublarán tu visión, pero a tus promesas no; porque esa palabra profética fue puesta por Dios. Su Palabra dice que ninguna cosa creada nos podrá separar del amor de

Dios que es en Cristo Jesús Señor nuestro y ahí están nuestras promesas incluidas, no claudiques, tus promesas están.

9. ¡Solo Dios sabe qué nos conviene! Él, se ha fijado en nosotros, desde antes de formarnos para llegar a experimentar en este mundo. Si Él dijo que nos mostrará el camino, tenlo por seguro, que será el camino correcto. No experimentes otros caminos, solo ten fe, que ya Él ha fijado sus ojos en ti y si confías, tus pasos serán firmes, seguros y contundentes.

10. Nadie sabía, que detrás de unas vestiduras con olor a ovejas, se escondía un gran potencial dentro de ese joven. Este potencial no podía ser comprado, lo adquirió por medio de una relación cercana con su Dios, fue un joven separado conforme al corazón de Dios. Cuando es mostrado ante la gente, no sabían el poder que Dios había depositado en este muchacho. Llega el momento de Dios para exponerlo ante un combate que jamás se había enfrentado, pero algo muy importante tenía este joven a su favor y era el respaldo de Dios y su poder. Él había sido entrenado a pelear con bestias, con osos y leones, los cuales vencía con sus propias manos, cuánto más a un simple humano. David, no veía su tamaño ni su fuerza, simplemente, el gigante no era adversario para él; sin armadura física, sólo con la espiritual y una honda, logró vencer al paladín. Amado lector tus gigantes, son simples situaciones, ¡**Eres más que ellas**!

SOBRE EL AUTOR

Acerca del Autor

 Nacido en San Juan Puerto Rico el 30 de marzo de 1980, Su padre Ramón L. Lozada Delgado, su profesión era Carnicero y su madre Delia R. Rivera Santiago, su profesión era Trabajadora Social Escolar. Realizó sus estudios en la Escuela Elemental Luis Muñoz Rivera en el Bo. Río Piedras en San Juan Puerto Rico. Sus estudios Intermedios en la Escuela Venus Gardens del mismo municipio al igual que la Escuela Superior Ramón Vila Mayo.

A la edad de 12 años comenzó a entrenarse en un cuerpo de cadetes cristianos y militares donde moldearon su carácter de líder y ayudó a sacar a muchos jóvenes de las calles con motivación en ese grupo. Cursó un grado asociado de Emergencias Médicas haciéndose paramédico del gobierno de PR. Se adiestró en varios cursos de rescate vehicular, acuático, navegación y rescate en cuerdas. Fue líder en su iglesia con los jóvenes como secretario, tesorero, vicepresidente, presidente y vocal. También fue bombero voluntario para el cuerpo de bombero de Puerto Rico.

A la edad de 24 años comenzó como líder de Jóvenes Embajadores de Cristo por sus siglas AJEC del concilio de la Iglesia de Dios Pentecostal Movimiento Internacional. Ese mismo año en el 2004, tuvo su primer viaje misionero a Guinea Ecuatorial  África con dicha Asociación. En AJEC, fue líder de sector, líder de evangelismo y vicepresidente del distrito más grande de San Juan, Puerto Rico. Realizó otros viajes misioneros en el año 2005, donde visitó África nuevamente, India en el año 2007, Belice en el año 2008 y Guatemala en el año 2017. En la mayoría de los viajes realizó trabajos clínicos y de salud, además de los evangelísticos.

En el 2017 completó un Grado Asociado en Teología en la Academia de Formación Ministerial Navegantes de Tormentas en Carolina, Puerto Rico. Actualmente es líder de Asociación de los caballeros del distrito de San Juan. Tiene una hermosa hija de 7 años llamada Allison Jireh y contrajo nupcias con su esposa Isis Y. Rosario Cruz, el 30 de diciembre de 2022.

Puedes accesar a nuestras páginas

En Facebook
Lucas G. Lozada
mimisiondespuesdelcalvario

En Instagram
Ig2993
mimisiondespuesdelcalvario

Email: lukasrivera33@gmail.com
Celular de Contacto: 787-399-7966

Made in the USA
Columbia, SC
09 April 2024